湖北省博物館
HUBEI PROVINCIAL MUSEUM

湖北省博物馆少儿绘本丛书

博物馆里的节日

除夕

主编　钱　红

WUHAN UNIVERSITY PRESS
武汉大学出版社

“湖北省博物馆少儿绘本丛书”编委会

《博物馆里的节日》编委会

前　言

越来越多的小朋友走进博物馆，爱上博物馆，爱上博物馆里的文物故事。为此，我们精心打造了《博物馆里的节日》，将14个传统节日、7个公历节日，分别与湖北省博物馆里的21件文物瑰宝链接起来。我们精心设计了湖北省博物馆的文物守护精灵“北北”，还有她的好朋友“湖湖”，让他们带着大家一起穿越时光，了解每个节日的由来；体验每个传统节日的习俗，这些习俗都是中华民族在漫长的历史长河中不断凝聚的宝贵财富，值得我们传承；配上了与文物相关的成语故事、神话故事或历史故事；设置了有趣的“互动问答”，让小朋友在轻松愉快的氛围中学习科普知识。小朋友还可以邀请家长扫描书中的二维码，拓展更广阔的“悦读”空间，了解更多的传统文化，让先民留给我们的精神财富得以传承和弘扬。

钱红

2022年11月

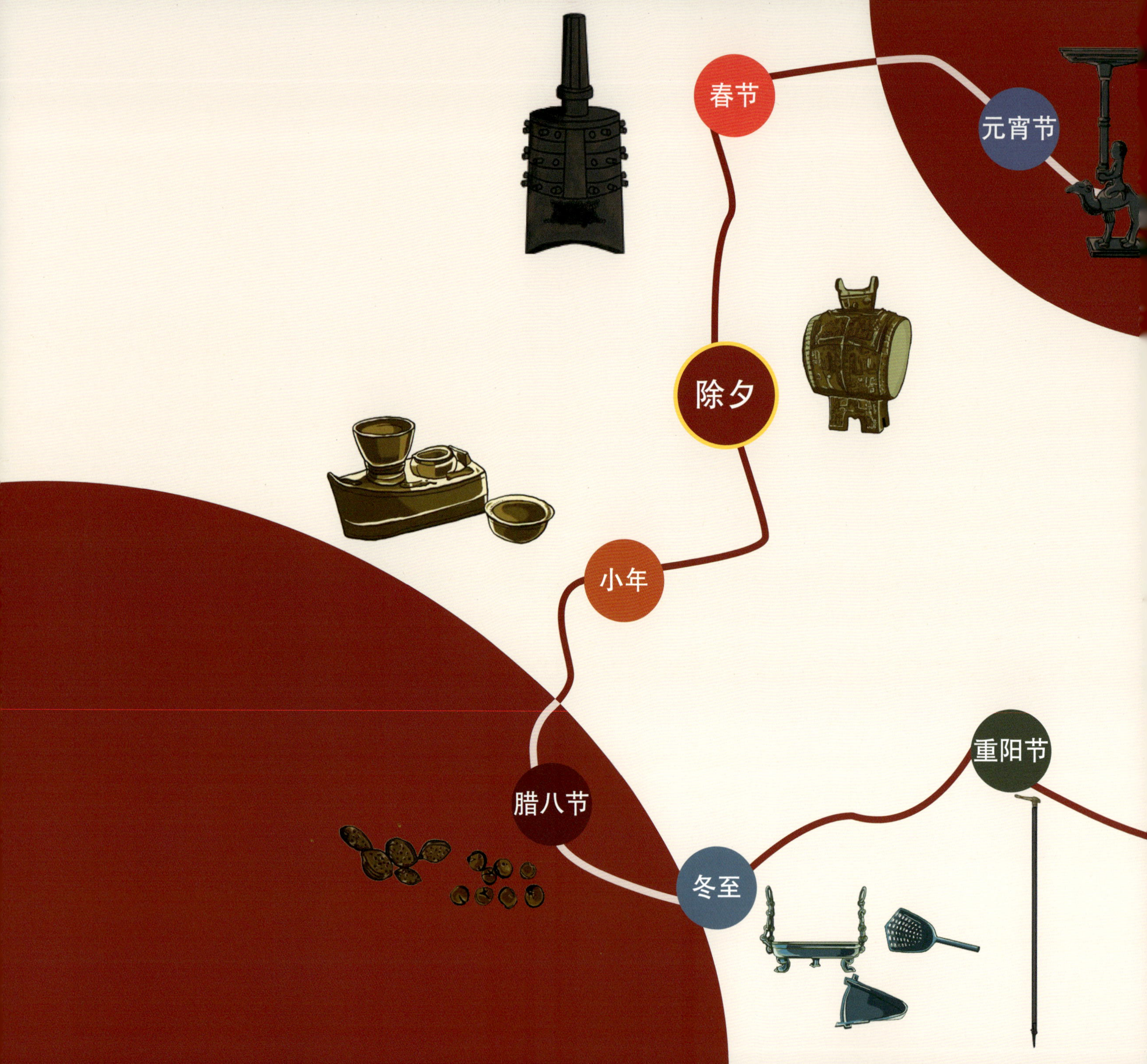
春节
元宵节
除夕
小年
腊八节
重阳节
冬至

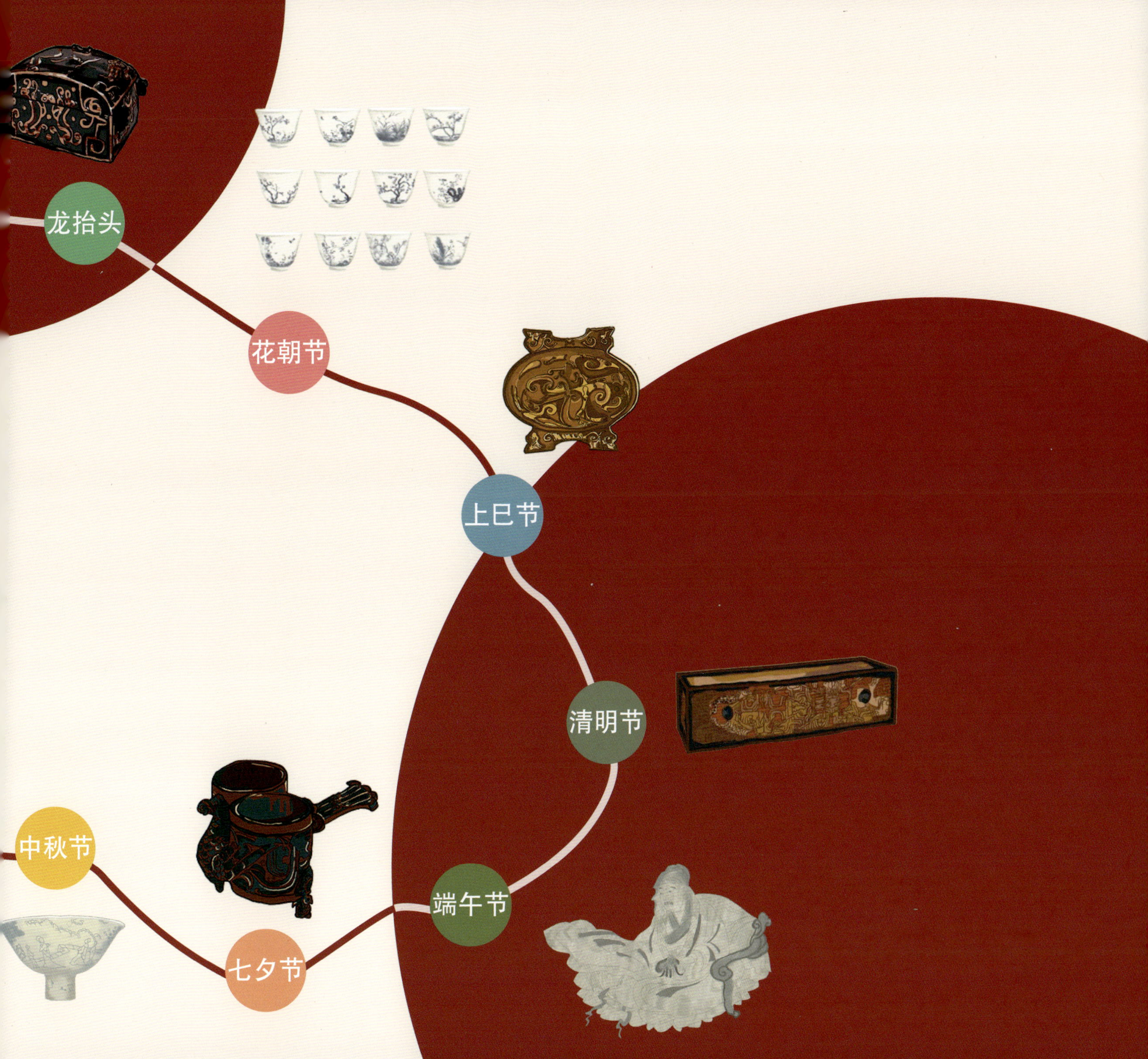

龙抬头
花朝节
上巳节
清明节
端午节
七夕节
中秋节

你好！我叫北北，是湖北省博物馆的文物守护精灵。我可以穿梭时光，带你体验不一样的博物馆节日氛围。旁边是我的好朋友——湖湖。

我们都喜欢湖北省博物馆里的文物，也喜欢听文物背后的故事！这些故事和我们传统节日也有关哦！

共欢新故岁

——除夕

守岁
（唐）李世民
暮景斜芳殿，年华丽绮宫。
寒辞去冬雪，暖带入春风。
阶馥舒梅素，盘花卷烛红。
共欢新故岁，迎送一宵中。

节日由来

除夕是农历十二月的最后一个晚上，即为“大年夜”。十二月一般有三十天，所以除夕也叫“大年三十”。

臨門
丁財兩
年年好
事成步步高

除夕起源于先秦时期。当时，人们在门上挂红布，把竹子丢进火里烧，发出响声吓跑祸害百姓的怪兽“夕”。除夕放爆竹、贴红对联的习俗流传至今，人们用此祈求新年里全家平安健康。
原来竹子燃烧的声音可以吓跑怪兽！

节日习俗

吃年夜饭

“二十三，祭灶天。二十四，写大字（春联）。二十五，做豆腐。二十六，砍大肉。二十七，宰年鸡。二十八，把面发。二十九，蒙香斗。三十日，过大年！”

挂灯笼

贴年画

欢天喜地过大年！
燃爆竹

守岁

除夕的重头戏是“守岁”，大家一夜不睡，迎候新年。

文物链接

崇阳铜鼓

崇阳铜鼓是我国目前所见最早的铜鼓，1977 年出土于湖北崇阳，造型奇伟庄重，质地厚实古朴，花纹流畅粗放，体现了 3500 年前商代制铜工艺与水平。

成语故事

一鼓作气：公元前684年，齐鲁两国作战，鲁庄公要击鼓进军，曹刿说现在不可以。等到齐军击鼓三次之后，曹刿才要鲁庄公进攻，结果大败齐军。曹刿分析获胜的原因时说：作战，要靠勇气，“一鼓作气，再而衰，三而竭”，齐军击鼓三次，发动进攻，均未奏效，丧失信心，故必败。一鼓作气的成语后来比喻鼓足干劲，勇往直前。

互动问答

大家是不是对除夕有了一些了解呢？现在来和我一起看看后面的题目吧。

1. 崇阳铜鼓属于（ ）。

A. 西周早期　　B. 春秋时期

C. 商代早期　　D. 战国时期

2. 除夕为什么要放鞭炮？

3. 讲讲“一鼓作气”的成语故事。

答案

图书在版编目(CIP)数据

博物馆里的节日.除夕/钱红主编.—武汉:武汉大学出版社,2023.5
湖北省博物馆少儿绘本丛书
ISBN 978-7-307-23746-9

Ⅰ.博…　Ⅱ.钱…　Ⅲ.节日—风俗习惯—中国—少儿读物　Ⅳ.K892.1-49

中国国家版本馆 CIP 数据核字(2023)第 078608 号

责任编辑:李　玚　　责任校对:李孟潇　　装帧设计:何家辉　许志威

出版发行:**武汉大学出版社**　(430072　武昌　珞珈山)
(电子邮箱:whu_publish@163.com)
印刷:武汉市金港彩印有限公司
开本:880×1230　1/16　印张:25　字数:157 千字
版次:2023 年 5 月第 1 版　　2023 年 5 月第 1 次印刷
ISBN 978-7-307-23746-9　　定价:298.00 元(全 15 册)
